COLLECTION

WALFERDIN

REVUE DES VENTES

La collection Walferdin

Vente les 12, 13, 14, 15 et 16 avril. Hôtel Drouot, salle 8. Me Escribe, commissaire-priseur. M. Haro, expert.

La vente a produit le chiffre total de 417,446 fr. 50 c.

TABLEAUX PAR FRAGONARD

1. La Croisée, 1,250 fr., à M. le comte de Pourtalès.

2. Jeune Femme écrivant une lettre, 800 fr., à M. Paul de Saint-Victor.

4. Jeune Garçon vêtu d'un manteau à revers rouges, 5,150 fr., à M. Cahen d'Anvers.

6. La Mare, 3 500 fr., à M. Malinet

7. Les Laveuses, 4,600 fr., à M. Malinet.

10. Scène mythologique, 1,025 fr., à M. Hébrard.

11. Les Charlatans, 3,100 fr., à M. Malinet.

13. Les Trois Arbres, 2,100 fr., à M. de Pommereau.

14. Les Projets de mariage, 1,800 fr., à M. Ed. André.

15. Le Bonheur du premier baiser, 2,630 fr., à M. Paillard.

16. Renaud dans la forêt enchantée, 4,300 fr., à M. Malinet.

17. Sacrifice au Minotaure, 5,300 fr., à M. Brame.

18. L'Enfant blond, 11,700 fr., à M. Malinet.

22. Les Blanchisseuses, 1,400 fr., à M. Darcel, pour le musée de Rouen.

24. L'Écurie, 2,500 fr., à M. le baron de Beurnonville.

25. Le Rendez-vous de chasse, 2,700 fr., à M. Fichel.

26. Le Tertre, 3,150 fr., à M. Berthon.

27. La Petite Coquette, 7,100 fr. à M. le comte de Pourtalès.

28. Le Vœu à l'Amour, 10,000 fr., à M. Brame.

29. La Mort d'un Enfant, 1,100 fr., à M. Groult.

30. L'Étable, 15,000 fr., à M. Fichel.

31. Le Début du modèle, 15,000 fr., à M. Ed. André.

32. L'Amoureux hardi, 15,000 fr., à M. Fichel.

33. La Surprise, 15,000 fr., à M. Fichel.

34. La Visitation, 2,400 fr., à Mme Pilloy.

35. Portrait de Mlle Guimard, 9,100 fr., à M. Fichel.

40. Jeune Villageoise, 1,000 fr., à M. de Beurnonville.

41. Berger et son Chien courant après le troupeau, 1 300 fr., à M. Malinet.

43. Paysage, 3,005 fr., à M. Risler-Kestner.

45. Le Village, 1,500 fr., à M. Malinet.

50. Pygmalion et la Statue, 2,050 fr., à M. Brizac.

53. Le Maître du monde, 810 fr., à M. Malinet.

54. Le Rocher, 5,900 fr., à M. Malinet.

55. La Rentrée des troupeaux, 3,850 fr., à M. Féral.

56. La Fontaine d'amour, 12,500 fr., à M. Paillard.

57. Sacrifice de la Rose, 8,200 fr., à M. le vicomte de Gannay.

58. Même sujet, composition toute différente et conforme au dessin n° 189 du Catalogue, 4,100 fr., à M. Paillard.

59. Tête d'étude pour le Sacrifice de la rose, 1,520 fr., à M. de Breteuil.

60. Les Amants heureux, 20,000 fr., à M. Malinet.

61. La Gimblette, 7,000 fr. à M. Haro.

62. La Gimblette, 1,010 fr., à M. Cédron.

63. Ciel avec Amours, 1,200 fr., à M. de Gannay.

66. L'Éducation de la Vierge, 1,300 fr., à M. de Beurnonville.

76. Les Jalousies de l'Enfance, 1,300 fr. à M. Stettiner.

97. L'Innocence, 950 fr., à M. Hottinguer.

98. Le Baiser, 400 fr., à M. Borelli.

99. Jeune Fille avec des fleurs dans les cheveux et au corsage, 3,500 fr., à M. Guinot.

100. Un Jeune Garçon costumé en pierrot, 5,000 fr., à M. Guénot.

101. Jeune Garçon, 1,800 fr., à M. Guénot.

102. Portrait de Jeune Femme, 1,260 fr. à M. Guénot.

107. Portrait de Mme Favart, 5,000 fr., à M. Groult.

136. Portrait du frère de Mlle Ledoux, 3,000 fr., à M. le baron Ménard.

161. Mme Roland, 3,300 fr., à M. Hottinguer.

162. La Leçon de lecture des singes, 780, fr., à M. le duc d'Aumale.

168. Marie-Joseph Chénier, 9,000 fr., à M. Lacroix.

185. Le Vœu à l'Amour, 1,600 fr., à M. de Turenne.

189. Le Sacrifice de la Rose, 2,600 fr., à M. Bertholdi.

200. Visite à la nourrice, 1,030 fr., à M. le duc d'Aremberg.

201. La Huche, 2,650 fr., à M. le comte de Pourtalès.

203. Les Beignets, 1,540 fr., à M. Bournet-Véron.

213. Le Lever des Ouvrières en modes, 1,100 fr., à M. Haro.

216. L'Éducation fait tout, 3,000 fr., à M. Lacroix.

220. Le Temple de Vesta, à Tivoli, 1,110 fr. à M. Haro.

224. La Première Leçon d'équitation, 950 fr., à M. Lacroix.

227. 48 compositions différentes pour les Contes de La Fontaine, 10,500 fr., à M. Haro.

229. Sept dessins pour le Don Quichotte, 1,025 fr., à M. le marquis du Lau.

237. Paysage. Vue prise dans un parc, nombreuses figures, 3,120 fr., à M. Malinet.

238. Le Bonheur du premier baiser, 1,675 fr., à M. de Gannay.

297. Les Grillons, l'Enfant et les Noisettes, 1,050 fr., à M. le duc d'Aumale.

306. Le Paralytique, 1,275 fr., à M. le marquis de Castellane.

329. Précieux Dessin pour la vignette de la Seine-Inférieure, 9,500 fr., à M. Guénot.

339. Tête de Femme, 1,520 fr., à M. Lacroix.

340. Tête de Femme, 1,400 fr., à M. Malinet.

353. Portrait de Latour par lui même, 2 000 francs à M. Malinet.

421. 23 pièces à l'état d'eaux-fortes pures, pour les Contes de La Fontaine, d'après H. Fragonard, 6,850 fr.

Collection de feu M. WALFERDIN

TABLEAUX

ET

DESSINS

DE L'ÉCOLE FRANÇAISE

ŒUVRES IMPORTANTES

DE

H. FRAGONARD

BOUCHER, GREUZE, GÉRICAULT, ETC.

Terres cuites par HOUDON

BUSTES DE MIRABEAU ET DE MARIE-JOSEPH CHÉNIER

Très Belles Miniatures, Dessins et Gravures

VENTE

HOTEL DROUOT, SALLES N°s 8 ET 9

Les Lundi 12, Mardi 13, Mercredi 14, Jeudi 15 et Vendredi 16 Avril

EXPOSITIONS

PARTICULIÈRE | PUBLIQUE
Le Samedi 10 Avril 1880 | Le Dimanche 11 Avril 1880

Me ESCRIBE | M. HARO, ✳
COMMISSAIRE-PRISEUR | PEINTRE-EXPERT
6, rue de Hanovre, 6 | 20, rue Bonaparte et rue Visconti, 14

CONDITIONS DE LA VENTE

Elle sera faite au comptant.

Les adjudicataires payeront 5 pour 100 en sus des enchères.

La collection de tableaux et de dessins, plus célèbre que connue, dont nous publions le catalogue, va être livrée aux enchères dans son intégrité, sans addition, sans retranchement, sans avoir subi de restauration ni de nettoyage, sans même qu'on ait pris soin (sauf quelques cadres qui manquaient) de lui donner une parure en harmonie avec ses grâces; telle, en un mot, qu'elle a été formée, pièce par pièce, dans une période de plus de quarante ans, par un amateur passionné de l'art français de la fin du xviiie siècle. Quelques productions de Fragonard trop libres pour être exposése, quatre ou cinq copies peu dignes de l'ensemble, voilà tout ce qui en a été distrait. On n'y a ajouté qu'un buste de Mirabeau, marbre d'un puissant caractère, fait pour provoquer une comparaison pleine d'intérêt avec la célèbre effigie modelée par Houdon qui, avec le buste de Marie-Joseph Chénier du même artiste, représente la sculpture dans ce choix d'œuvres exclusi-

vement françaises. Bien que les noms de Watteau, de
Latour, de Boucher, de Greuze, de Prud'hon, de Géricault y figurent non sans honneur, la collection Walferdin, nul ne l'ignore, est surtout consacrée à Fragonard.
Fragonard y règne en maître, par l'importance et la
variété de ses compositions, aussi bien que par leur
nombre. Si le *peintre* a là ses chefs-d'œuvre, *le Vœu à
l'amour*, *l'Étable*, l'esquisse admirable qui nous montre un
père et une mère auprès du lit de mort de leur enfant,
le Début du modèle, *la Grande Gimblette*, *les Amants heureux*, trois ou quatre paysages où il égale les Hollandais,
le dessinateur n'y brille pas d'un moins vif éclat : c'est
par centaines que se comptent ses lavis, ses sanguines,
ses mines de plomb, ses dessins de toute nature, parmi
lesquels nous nous bornerons à signaler la suite juste-
ment fameuse des compositions pour les *Contes de La
Fontaine*, les 136 pièces inspirées par le *Roland furieux*,
l'illustration du *Don Quichotte*, celle des *Veillées du Château*, sans parler de morceaux détachés, comme *le Verrou*, *l'Éducation fait tout*, *le Sacrifice de la rose*, *la première
Leçon d'équitation*, *la Croisée*, *les Beignets*, *la Huche*, *l'Éducation de la Vierge*, *la Visite à la nourrice*, *le Premier Baiser*,
merveilles d'invention, d'esprit, de grâce piquante ou
attendrie, qui, plus encore que sa peinture, révèlent, au
gré de bien des juges, les meilleures qualités de l'artiste.
Portraitiste, paysagiste, peintre de style ou de genre,
décorateur, miniaturiste, aquafortiste, Fragonard est

tout cela chez M. Walferdin. Qui n'a pas étudié là cette étonnante organisation pittoresque, dans ses manifestations si variées et presque toujours supérieures, risque fort de méconnaître le rang qui lui est dû dans notre école. Nous sommes bien trompés, ou cette exposition, trop fugitive, hélas! de l'œuvre de Fragonard, aura pour résultat de le placer très haut dans l'estime des connaisseurs.

Le moindre croquis de Watteau a son prix, et quoi de plus adorable que les figures de femmes qui portent les n°s 338 et 339? Mais c'est encore à lui sans nul doute, et non à Gillot, qu'il faut attribuer une scène pleine d'*humour*, la *Leçon de lecture et d'écriture prise et donnée par des singes*, qui rappelle à s'y méprendre les fragments, parvenus jusqu'à nous, des fantaisies décoratives exécutées par Watteau pour Chantilly. Boucher a deux œuvres capitales, un dessin et une peinture : le premier, une sanguine de la plus belle tournure, représente Molière dans le rôle de *Monsieur de Pourceaugnac*; l'autre, retrace la spirituelle physionomie de Mme Favart; on sait qu'il s'agit là d'un morceau que les contemporains prisèrent extrêmement au double titre d'image fidèle de *la Chercheuse d'esprit* et d'un des bons portraits du peintre. Le roi des pastellistes, Latour, triomphe dans sa propre effigie. Greuze n'a pas achevé le portrait du frère de Mlle Ledoux, mais toute la grâce de son pinceau caresse déjà cette figure d'adolescent, une des perles de la collection. Quatre dessins de sa manière la plus forte, *le Paralytique*, deux *Têtes d'enfants* à la sanguine, la *mère* de *la Malédiction paternelle*, un pastel qui le représente lui-même dans sa première jeunesse, comptent aussi parmi les œuvres de choix. La part de Prud'hon, moindre encore par le nombre, se réduit à cinq exemplaires, mais *le Premier Baiser de Saint-Preux et de Julie* et la vignette de la *Seine-Inférieure* ne dépareraient pas — c'est tout dire — la merveilleuse série qu'on admire chez M. Marcille. Une superbe *Tête de lionne* nous semble mériter surtout l'attention dans les divers tableaux et dessins qui portent le nom de Géricault. Arrêtons ici cette rapide nomenclature qui laisse de côté bien des morceaux distingués ou intéressants : un pastel de la Rosalba d'une conservation parfaite qui est le portrait de M. Openor, le banquier du Régent, un joli Subleyras, *l'Ane chargé de reliques*, une *Tête de femme endormie* par David, un portrait authentique de Mme Roland, et surtout le dessin aux trois crayons, fait suivant toute apparence d'après nature, qui reproduit les traits de Molière et qu'on attribue à Claude Lefebvre.

Les amateurs d'estampes ne laisseront pas, eux aussi, de trouver à *besogner* dans les cartons de M. Walferdin : ils renferment un objet rare s'il en fut, la série des eaux-fortes (avec pièces doubles) pour les *Contes de La Fontaine*, d'après Fragonard, ainsi que nombre d'autres pièces de choix à divers états.

Nous n'en dirons pas plus long sur l'ensemble exquis et si riche en surprises qui, avant d'être dispersé à jamais, va passer pendant quelques heures sous les yeux du public. Souhaitons du moins que ces produits d'un art essentiellement national ne soient pas tous perdus pour la France.

TABLEAUX

PAR

FRAGONARD

DÉSIGNATION

1. — La Croisée.

Un jeune homme cause avec une jeune fille qui paraît à une fenêtre.

Exécution très fine à l'huile du dessin à la sépia portant le n° 182.

T. — H., 0ᵐ,18. L., 0ᵐ,14.

2. — Jeune Femme écrivant une lettre.

Peinture blonde et transparente.

T. — H., 0ᵐ,37. L., 0ᵐ,29.

3. — Jeune Fille.

La tête à demi renversée, ornée d'un ruban vert.

T. (ovale). — H., 0ᵐ,45. L., 0ᵐ,38.

4. — Jeune Garçon vêtu d'un manteau à revers rouges.

OEuvre charmante du maître.

B. — H., 0ᵐ,24. L., 0ᵐ,17.

FRAGONARD et Mlle GÉRARD

5. — La Leçon de lecture.

P. — H., 0^m,15. L., 0^m,15.

6. — La Mare.

Paysage, figures et animaux. Un paysan entré dans l'eau en chasse le bétail. Belle peinture dans la manière de Ruysdaël.

T. — H., 0^m,37. L., 0^m,45.

7. — Les Laveuses.

Très beau paysage avec petites figures spirituellement touchées. Ciel orageux. Signé en toutes lettres sur le linteau de la porte de la chaumière.
Même qualité que le numéro précédent.

T. — H., 0^m,37. L., 0^m,45.

NIOBÉ

8. — Le Sacrifice interrompu.

Le dieu tenant un lion par sa crinière chasse les prêtresses du temple, pendant que les Amours renversent les trépieds.
Très belle esquisse d'un faire libre et puissant.

T. — H., 0^m,57. L., 0^m,89.

9. — La Coquette et le Jouvenceau.

Charmante grisaille légèrement colorée.

T. (ovale). — H., 0^m,37. L., 0^m,31.

10. — Scène mythologique.

Des divinités sur des nuages, une naïade appuyée sur son urne dans le bas du tableau.

Composition d'une grâce exquise et du ton le plus lumineux.

Ovale.

P. — H , 0^m,45. L., 0^m,37.

11. — Les Charlatans.

Des seigneurs et des villageois assistent à la représentation donnée dans un parc.

Scène pleine d'esprit, effet de soleil.

T. — H., 0^m,49. L., 0^m,37.

12. — Les Marchands de jouets.

Fête dans un parc; mêmes données que le tableau précédent.

T. — H., 0^m,39. L., 0^m,31.

13. — Les trois Arbres.

Charmant paysage rappelant la manière de Paul Potter.

B. — H., 0^m,33. L., 0^m,24.

14. — Les Projets de mariage.

Assis sur un banc au pied d'un arbre, un homme assure une jeune femme de sa fidélité.

Peinture d'une extrême légèreté et de la plus suave harmonie.

B. — H., 0ᵐ,35 1/2. L., 0ᵐ,27.

15. — Le Bonheur du premier baiser.

L'Amour dépose ses ailes sur un autel, en échangeant un baiser avec une jeune fille entrevue dans un nuage vaporeux.

Sur le socle sont gravés ces mots qui indiquent le sacrifice : *Au bonheur du premier baiser.*

Sujet traité dans le dessin portant le n° 234.

B. — H., 0ᵐ,32. L., 0ᵐ,24.

16. — Renaud dans la forêt enchantée.

« Toujours inexorable, Renaud lève le bras, il frémit, il menace ; chaque nymphe à son tour devient un cyclope et se couvre de fer et d'acier. Le héros redouble ses outrages sur l'arbre qui gémit en les recevant.

« Pour le défendre, les monstres, les prodiges se multiplient, et la forêt semble être devenue le séjour des Enfers.

« Le ciel tonne, la terre tremble, les vents et les tempêtes grondent et mugissent : mais le cœur du guerrier est toujours intrépide, et sa main, toujours sûre, porte d'inévitables coups. Le tronc est coupé ;

ce n'est plus qu'un myrte. Le charme est rompu et
les fantômes s'évanouissent. »

(Jérusalem délivrée.)

Peinture d'une grande puissance de ton et d'une
fougueuse exécution.

T. — H., 0^m,72. L., 0^m,91.

17. — Sacrifice au Minotaure.

Le sort a désigné la victime, elle tombe évanouie
dans les bras de ses compagnes. Dans les nuages,
au-dessus de l'autel, planent les Furies. Au premier
plan la mère éplorée, à droite les grands prêtres
sacrificateurs, à gauche l'assistance effrayée.

Composition d'un caractère saisissant, de la plus
riche coloration.

T. — H., 0^m,72. L., 0^m,91.

18. — L'Enfant blond.

La tête penchée sur l'épaule gauche, la poitrine
découverte, il serre dans ses petits bras son vêtement
de couleur violette.

Délicieuse peinture d'une exécution précieuse et
très soignée.

T. — H., 0^m,31. L., 0^m,23.

19. — Le Rabbin.

> Il est représenté grandeur demi-nature, les mains appuyées sur un bâton.

B. — H., 0^m,31 L., 0^m,25.

20. — L'Abdication de Marie Stuart.

> Murray lui montre l'acte qu'elle hésite à signer.
> Ce tableau rappelle les qualités de clair-obscur des maîtres hollandais.

B. — H., 0^m,31. L., 0^m,23

21. — Joas et Joad.

> Peinture empâtée et vigoureuse.

B. — H., 0^m,22. L., 1^m,17 1/2.

22. — Les Planchisseuses.

Esquisse.

T. — H., 0^m,55. L., 0^m,70.

23. — Ruth et Booz.

T. — H., 0^m,43. L., 0^m,50.

24. — L'Écurie.

> Des enfants jouent avec un âne dans une écurie.
> La mère entr'ouvre le volet. Scène familière.

T. — H., 0^m,35. L., 0^m,45.

25. — Le Rendez-vous de chasse.

Composition élégante et colorations claires.

T. — H., 0m,56. L. 0m,73.

26. — Le Tertre.

Au bord d'une rivière, des pêcheurs, dans l'eau jusqu'à mi-jambe, relèvent leurs filets ; à droite et à gauche d'un tertre placé dans le centre du tableau, des plis de terrain et l'entrée d'un bois. Un rayon de soleil passe à travers les nuages orageux.

Beau paysage, ombres et lumières rendues avec une grande perfection dans le sentiment de Ruysdaël.

T. — H., 0m,37. L., 0m,45.

27. — La Petite Coquette.

Jeune fille représentée en buste, la tête penchée à gauche, un œil clos, l'autre entr'ouvert.

Peinture ferme, grasse et modelée.

B. — H., 0m,32. L., 0m,24.

28. — Le Vœu à l'Amour.

Composition idéale et passionnée.
Très admirée dans l'œuvre du maître.

B. — H., 0m,23. L., 0m,32.

2

29. — La Mort d'un enfant.

L'enfant vient d'expirer. Le père, écrasé de dou-
leur, cache sa tête dans ses mains : la mère lève les
yeux vers le ciel.

Rien de moins terminé que cette esquisse, rien
pourtant de plus pathétique.

B. — H., 0^m,30. L., 0^m,25.

30. — L'Étable.

Composition originale, pleine de vérité et de
charme. Les animaux sont peints avec une maestria
incomparable ; la tonalité des blancs a un éclat
éblouissant : la jeune paysanne, agenouillée devant la
Madone, semble l'implorer. Au premier plan, divers
accessoires de ferme très largement peints.

Entente admirable du clair-obscur. Tableau capital.

T. — H., 0^m,48. L., 0^m,60.

31. — Le Début du modèle.

Composition ravissante, œuvre exceptionnelle
d'une couleur tendre, vive et fraîche. Exécution ini-
mitable.

T. (ovale). — H., 0^m,52. L., 0^m,62.

32. — L'Amoureux hardi.

Paysage, bosquet avec une sculpture de Diane.

T. — H., 0^m,67. L., 0^m,38.

33. — La Surprise.

Figures dans un paysage; au fond, une cascade. Dauphin et Amours sculptés.

Réduction, ainsi que le numéro précédent, des peintures décoratives exécutées pour Mme du Barry au château de Luciennes.

T. — H., 0^m,67. L., 0^m,38.

34. — La Visitation.

Composition ravissante, exécution très précieuse.

B. — H., 0^m,23. L., 0^{m}32.

35. — Portrait de Mlle Guimard.

Elle est représentée de trois quarts, vue à mi-corps, la tête en arrière.

Peinture du même temps et de la même exécution que les portraits de la galerie Lacaze.

T. — H., 0^m,81. L., 0^m,64.

36. — Le Petit Dessinateur.

Le jeune garçon qui dessine, d'après un plâtre, serait le fils de Fragonard.

Petite peinture dans la manière de Chardin.

B. — H., 0^m,12. L., 0^m,17.

37. — Les Jumeaux.

La nourrice présente au père et à la mère les deux enfants.

T. — H., 0ᵐ,30. L. 0ᵐ,23.

38. — Psyché et l'Amour.

L'Amour s'envole; Psyché, éplorée, est soutenue par ses sœurs. Esquisse.

T. — H., 0ᵐ,37. L., 0ᵐ,45.

39. — Les Buveurs.

Composition et facture dans la manière des maîtres hollandais.

T. — H., 0ᵐ,21 1/2. L., 0ᵐ,41.

40. — Jeune Villageoise.

B. — H., 0ᵐ,33. L., 0ᵐ,24.

41. — Berger et son chien courant après le troupeau.

T. — H., 0ᵐ,92. L., 1ᵐ,19.

42. — Paysage.

Composition connue sous le titre de « la Diligence », figures et animaux.

P. — H., 0ᵐ,27. L., 0ᵐ,36.

43. — Paysage.

Effet de soleil, petites figures; l'une, au premier plan, fait l'aumône à un mendiant.

T. — H., 0ᵐ,37. L. 0ᵐ,29.

44. — Paysage.

Dans un parc, un temple; plusieurs petites figures, et dans le ciel des Amours tenant des guirlandes de fleurs.

Charmant motif de décoration.

T. — H., 0^m,47. L., 0^m,42.

45. — Le Village.

Paysage avec petites figures.
Signé à gauche du monogramme et daté 1781.

T. — H., 0^m,32. L., 0^m,40.

46. — Le Génie de l'Histoire.

Allégorie.

T. — H, 0^m,54. L., 0^m,45.

47. — Mercure et Argus.

Dans la manière de Jordaens.

T. — H., 0^m,57. L., 0^m,70.

48. — Cybèle.

Sujet mythologique. Esquisse très énergiquement peinte.

T. — H., 0^m,57. L., 0^m,85.

49. — Sacrifice d'Iphigénie.

Belle esquisse.

C. — H., 0^m,24. L., 0^m,31.

50. — Pygmalion et la Statue.

T. — H., 0ᵐ,36. L., 0ᵐ,41.

51. — Portrait de jeune Homme vu de profil.

Touche ferme et grasse.

T. — H., 0ᵐ,45. L., 0ᵐ,37.

52. — Amours vainqueurs.

Maître Frago nous montre en ce triple symbole,
Qu'Amour, le seul vrai Dieu, que chacun reconnaît,
Fit et fera toujours comme à présent il fait :
Il attaque, il triomphe et, vainqueur, il s'envole. (W.)
Le petit égrillard n'est jamais satisfait. (W.)

P. (ovale.) — H., 0ᵐ,18. L., 0ᵐ,22 1/2.

53. — Le Maître du monde.

Très belle esquisse.

T. — H., 0ᵐ,50. L., 0ᵐ,42.

54. — Le Rocher.

Paysage avec figures.

A gauche, un chemin montueux et escarpé, gravi par des paysans et des bestiaux; au centre, le rocher; à droite, un abreuvoir, une colline boisée; ciel nuageux.

Signé à gauche en toutes lettres. Exécution remarquable.

T. — H., 0ᵐ,53. L., 0ᵐ,62.

55. — La Rentrée des troupeaux.

Paysage avec figures et animaux. Grande composition; ciel nuageux, coup de soleil éclairant le premier plan.

T. — H., 0ᵐ,56. L., 0ᵐ,72.

56. — La Fontaine d'amour.

Un des sujets favoris de Fragonard, nombre de fois reproduit par la gravure.

T. — H., 0ᵐ,53. L., 0ᵐ,46.

57. — Sacrifice de la Rose.

Œuvre pleine de volupté et de charme, composition également popularisée par la gravure.

T. — H., 0ᵐ,59. L., 0ᵐ,49.

58. — Même sujet, composition toute différente et conforme au dessin n° 189 du Catalogue.

P. — H., 0ᵐ,31. L., 0ᵐ,24.

59. — Tête d'étude pour le Sacrifice de la rose.

B. — H., 0ᵐ,19. L., 0ᵐ,15.

60. — Les Amants heureux.

Dans cette scène d'amour si passionnément rendue, Fragonard nous semble avoir donné la plus complète expression de son talent de dessinateur et de coloriste.

T. — H., 0ᵐ,55. L., 0ᵐ,65.

61. — La Gimblette.

La gravure a si bien popularisé ce tableau, qu'elle rend inutile toute description.

Nous considérons ce tableau comme un des chefs-d'œuvre du maître.

62. — La Gimblette.

Répétition et variante de la composition précédente pour la première édition de la gravure.

T. — H., 0ᵐ,37. L., 0ᵐ,45.

63. — Ciel avec Amours.

Projet de plafond, composition agréable et décorative.

T. (ronde.) — L., 0,67.

64. — La Naissance de Bacchus.

Ce tableau, d'une heureuse ordonnance et d'une exécution très achevée, où Fragonard reste encore fidèle aux traditions académiques, révèle cependant déjà l'originalité de sa manière dans la figure du dieu naissant.

T. — H., 0ᵐ,70. L., 0ᵐ,96.

65. — L'Éducation de la Vierge.

La Vierge, appuyée sur les genoux de sainte Anne,
épelle sur un livre soutenu par des chérubins.
Composition importante et d'un grand effet.

T. — H., 0^m,82. L., 1^m,46.

66. — L'Éducation de la Vierge.

Même sujet que le n° 65, dans des dimensions plus
petites. Disposition en hauteur, personnages en pied.
Composition inachevée, d'une grande puissance
d'effet.

T. — H., 0^m,91. L., 0^m,73.

67. — Paysage avec petites figures.

B. — H., 0^m,32. L., 0^m,40.

68. — Le Supplice d'une vierge chrétienne.

T. — H., 0^m,40. L., 0^m,52.

69. — Fête dans un parc.

B. — H., 0^m,34. L., 0^m,42.

70. — La Fontaine.

Intérieur de ferme.

B. — H., 0^m,25. L., 0^m,34.

71. — La Baigneuse surprise.

T. — L., 0^m,27. L., 0^m,21.

72. — Vue prise en Normandie.

Paysage ; figures et animaux.

H., 0^m,15. L., 0^m,19.

73. — Le Parc.

Paysage avec figures.

B. — H., 0^m,34. L., 0^m,48.

74. — Son Portrait par lui-même dans sa vieillesse.

T. — H., 0^m,57. L., 0^m,44.

75. — Diane et ses chiens.

T. — H., 0^m,25. L., 0^m,19.

76. — Les Jalousies de l'enfance.

T. — H., 0^m,26. L., 0^m,20.

77. — Portrait du poëte Guichard.

B. (ovale). — H., 0^m,32. L., 0^m,25.

78. — Portrait de Mlle Gérard et de son chien.

T. — H., 0^m,32. L., 0^m,24.

79. — Les Baigneuses.

Paysage avec figures.

B. — H., 0^m,17. L., 0^m,24.

FRAGONARD (*Attribué à*)

80. — Paysage.

Chaumière et paysan.

B. — H., 0^m,23. L., 0^m,35.

FRAGONARD (*D'après*)

81. — Amours.

T. — H., 0^m,85. L., 0^m,73.

FRAGONARD FILS

82. — La Diseuse de bonne aventure.

T. — H., 0^m,29. L., 0^m,23.

FRAGONARD (*D'après*)

83. — L'Escarpolette.

B. (ovale). — H., $0^m,22$. L., $0^m,18$.

FRAGONARD (*Attribué à*)

84. — Les premiers Pas de l'enfance.

B. (ovale.) — H., $0^m,22$. L. $0^m,25$.

FRAGONARD (*Attribué à*)

85. — Le Repas de voyageurs.

T. — H., $0^m,20$. L., $0^m,25$.

FRAGONARD (*D'après*)

86. — Jeune Fille courant et tenant une couronne.

B. — H., $0^m,23$. L., $0^m,18$.

FRAGONARD (*D'après*)

87. — La Fuite à dessein.

B. — H., $0^m,23$. L., $0^m,18$.

FRAGONARD (*Attribué à*)

88. — La jeune Fille au chapeau de paille.

T. — H., 0^m,53. L., 0^m,46.

FRAGONARD (*Attribué à*)

89. — Le Fuite en Égypte.

Effet de lune.

T. — H., 0,44. L., 0^m,54.

FRAGONARD (*Attribué à*)

90. — Paysage.

Le Passage de la rivière.

T. — H., 0^m,47. L., 0^m,37.

91. — Vénus et Amours couchés.

Copie de Fragonard, d'après Boucher.

T. — H., 0^m,32. L., 0^m,30.

FRAGONARD (*D'après*)

92. — Paysan dans l'eau, chassant le bétail.

Étude.

P. — H., 0^m,29. L., 0^m,43.

FRAGONARD (*D'après*)

93. — La mauvaise Nouvelle.

B. — H., 0^m,42. L., 0^m,30.

94. — Sous ce numéro seront vendus les tableaux non catalogués.

PETITS TABLEAUX

ET

MINIATURES

PAR

FRAGONARD

PAR

FRAGONARD

95. — Portrait d'Enfant.

Miniature à l'huile.

B. — H., 0m,10. L., 0m,08.

96. — Portrait d'Enfant.

Miniature à l'huile.

B. — H., 0m,10. L., 0m,08.

97. — L'Innocence.

Miniature à l'huile.

C. (ovale.) — H., 0m 14. L., 0m,09.

98. — Le Baiser.

Première pensée; esquisse.

P. (forme ronde.) — H., 0m,08.

99. — Jeune Fille avec des fleurs dans les cheveux et au corsage.

Miniature.

I. (forme ovale.) — H., 0^m,07. L., 0^m,07.

100. — Un Jeune Garçon costumé en pierrot.

Miniature.

I. (forme ovale.) — H. 0^m,075. L., 0^m,05.

101. — Jeune Garçon.

Miniature.

I. (ovale.) — H., 0^m,07. L., 0^m,055.

102. — Portrait de Jeune Femme.

Miniature.

I. (ovale.) — H., 0^m,07. L., 0^m,06.

GÉRARD (Mlle)

103. — Portrait de Fragonard.

Miniature à l'huile ; a été gravé par Charpentier.

C. — H., 0^m,08. L, 0^m,65.

TABLEAUX

ANCIENS ET MODERNES

TABLEAUX ANCIENS

ET MODERNES

ANTIGNA

104. — Paysage avec figures.

B. — H., 0^m,14. L., 0^m,23.

AUBRY

105. — Le Mariage rompu.

Esquisse ; Première pensée.

T. — H., 0^m,13. L., 0^m,17.

BIDAULT

106. — Paysage.

B. — H., 0^m,14. L., 0^m,23.

BOUCHER

107. — Portrait de Mme Favart, la célèbre actrice.

T. — H., 0^m,45. L., 0^m,37.

BOUCHER

108. — Deux Amours; fleurs et oiseaux.

T. — H., 0^m,16. L., 0^m,21.

CHARDIN (*Attribué à*)

109. — Théière, tasse et sucrier.

Signé à gauche sur le marbre.

T. — H., 0^m,36. L., 0^m,45.

CHARDIN (*Attribué à*)

110. — Tête de Vieille Femme.

T. — H., 0^m,43. L., 0^m,35.

COYPEL

111. — Le Chasseur endormi.

T. — H., 0^m,27. L., 0^m,38.

DAEL (Van)

112. — La Croisée.

Première pensée et esquisse de son grand tableau de fleurs.

P. — H., 0^m,29. L., 0^m,21.

DAVID (Louis)

113. — Jeune Femme endormie.

P. (ovale.) — H., 0^m,35. L., 0^m,29.

DAVID (Louis)

114. — Deux Portraits sur la même toile.

Étude pour le Serment du Jeu-de-Paume.
L'un représente Rabaut de Saint-Étienne, et l'autre,
qui n'est qu'indiqué au trait, Dupont de Nemours.

T. — H., 0^m,65. L., 0^m,80.

DEBUCOURT

115. — Scène d'intérieur.

T. — H., 0^m,18. L., 0^m,41.

DESHAYS

?

116. — La Fidélité surveillante.

T. — H., 0^m,55. L., 0^m,44.

DROUAIS (Hubert)

117. — François Boucher.

A gauche du portrait l'inscription suivante :
Peint par Hubert Drouais, son ami, en 1725.

Ovale. — H., 0ᵐ,62. L., 0ᵐ,51.

ÉCOLE FRANÇAISE

?

118. — Portrait de Molière.

Vente Montmerqué.

B. — H., 0ᵐ,16. L., 0ᵐ,12.

GÉRARD (Mˡˡᵉ)

119. — Le Départ pour le bal de l'Opéra.

T. — H., 0 ,30. L., 0ᵐ,24.

GÉRARD (Mˡˡᵉ)

120. — Portrait du petit garçon de Fragonard.

B. — H., 0ᵐ,15. L., 0ᵐ,23.

GÉRARD (Mˡˡᵉ)

121. — Femme et son Enfant jouant avec des papillons.
Esquisse.

B. — H., 0ᵐ,27. L., 0ᵐ,21.

GÉRARD (LE BARON)

122. — Sainte Famille.

Esquisse.

T. — H., 0^m,31. L., 0^m,3J.

GÉRICAULT

123. — Le Mamelouk.

Collection de Louis-Philippe; fragment de tableau. Au dos de la toile, les armes de Louis-Philippe, duc d'Orléans.

T. — H., 0^m,30. L., 0^m,26.

GÉRICAULT

124. — Tête de Lion.

T. — H., 0^m,53. L., 0^m,64.

GÉRICAULT

125. — Renard dans le poulailler.

B. — H., 0^m,31. L., 0^m,42.

GÉRICAULT

126. — Deux Lions, d'après Rubens.

Étude faite pendant qu'il était à l'atelier de M. Guérin.

T. — H., 0^m,63. L., 0^m,79.

GÉRICAULT

127. — Incendie dans un Camp arabe.

T. — H., 0ᵐ,17. L., 0ᵐ,24.

GÉRICAULT

128. — Tête de Jeune Garçon.

Étude.

T. — H., 0ᵐ,45. L., 0ᵐ,38.

GÉRICAULT

129. — Tête de Femme.

Sa maîtresse.

T. — H., 0ᵐ,45. L., 0ᵐ,35.

GILLOT (*Attribué à*)

130. — Comédiens italiens dans un parc.

B. — H., 0ᵐ,23. L., 0ᵐ,31.

GILLOT

131. — Un Marché avec petites figures.

A Nancy.

T. — H., 0ᵐ,24. L., 0ᵐ,28.

GILLOT

132. — Le Roman comique.

T. — H., 0^m,70. L., 0^m,58.

GILLOT

133. — Le Carnaval.

Fin du Carême.
De chaque côté les partisans et les adversaires
du Carême.

T. — H., 0^m,70. L., 0^m,58.

GREUZE *(Attribué à)*

134. — Descente de croix.

Esquisse.

T. — H., 0^m,45. L., 0^m,36.

GREUZE

135. — La Jeune Laitière.

Esquisse, première pensée.

T. — H., 0^m,30. L., 0^m,23

GREUZE

136. — Portrait du frère de Mlle Ledoux.

> Très joli portrait offrant un intérêt tout particulier
> pour l'étude des procédés du peintre.

> T. — H., 0^m,44. L., 0^m,36.

GUÉ

137. — Vue prise dans le Tyrol.

> P. — H., 0^m,31. L., 0^m,42.

GUÉ

138. — Campagne de Rome.

> P. — H., 0^m,17. L., 0^m,31.

GUILLOT-D'OISY (Azemia)

139. — Orfèvrerie.

> Nature morte.

> B. — H. 0^m,20. L. 0^m,15.

HUYSMANS DE MALINES

?

140. — Paysage.

> Provient de la vente Saint.

> B. — H., 0^m,16 L., 0^m,20.

JOINVILLE (LE PRINCE DE)

141. — Vue du Temple de Sérapis.

Bonne étude, franchement peinte.

P. — H., 0^m,21. L., 0^m,26.

LAFOSSE

142. — La Vendange.

Trois figures d'enfants ; allégorie.

T. — H., 0^m,23. L., 0^m,19.

LELEUX (ADOLPHE)

143. — La Barricade (1830).

P. — H., 0^m,24. L., 0^m,19.

LOO (VAN)

144. — La Peinture.

Jeune femme tenant une palette ; allégorie.

T. — H., 0^m,55. L., 0^m,34.

LOO (CARLE VAN)

145. — Son Portrait.

T. — H., 0^m,50. L., 0^m,44.

MÉNAGEOT

146. — Mort de Léonard de Vinci dans les bras de
François Ier.

Peinture large et d'un grand effet.

T. — H., 0^m,53. L., 0^m,53.

MÉRIMÉE

147. — Bacchante endormie.

Provient du cabinet Denon, n° 214 du Catalogue.
A appartenu à Saint, et ensuite au peintre Rouillard.

B. — H., 0^m,10. L., 0^m,13.

MICHEL

148. — Le Moulin à vent.

Effet d'orage.

T. — H., 0^m,50. L., 0^m,69.

POUSSIN (*Attribué à*)

149. — Bacchanale.

Esquisse.

T. — H., 0^m,17. L., 0^m,25.

POUSSIN (*D'après* NICOLAS)

150. — Le Testament d'Eudamidas.

Ancienne copie.

T. — H., 0m,79. L., 0m,95.

REGNAULT (le baron)

151. — Têtes de Femme.

Études.

T. — H., 0m,16. L., 0m,20.

REYNOLDS (*Attribué à*)

152. — Vénus couchée.

Esquisse sur carton.

T. — H., 0m,24. L. 0m,19.

ROBERT-HUBERT

153. — Le Pont rustique.

Paysage avec figures, peint sur une assiette de la prison Saint-Lazare.

Forme ronde. — L. 0m,18.

ROBERT-HUBERT

154. — Le Moulin.

Paysage avec figures.

Signé à droite.

Peint sur une assiette de la prison Saint-Lazare.

Forme ronde. — L., 0m,18.

ROUILLARD

155. — Nature morte.

Étude d'après Chardin.

C. — H., 0^m,8. L., 0^m,11.

SARRAZIN

?

156. — Paysage; vue d'Italie.

Petites figures au premier plan.

B. — H., 0^m,08. L., 0^m,07.

SUBLEYRAS

157. — L'Ane portant les reliques.

B. — H., 0^m,26. L., 0^m,21.

TAUNAY

158. — Saint Preux au tombeau de Julie.

T. — H., 0^m,14. L., 0^m,11.

T"IBAULT

159. — Paysage avec figures.

Vue de Fleury.

T. — H., $0^m,31$. L., $0^m,23$.

TIERSONNIER

160. — Guerriers surpris pendant leur sommeil.

T. — H., $0^m,24$. L., $0^m,32$.

VESTIER

161. — Mme Roland.

Portrait authentique auquel M. Walferdin attachait un grand prix.

T. — H., $0^m,45$. L., $0^m,35$.

WATTEAU

162. — La Leçon de lecture des singes.

Panneau dans le goût de la décoration de Chantilly.

T. — H., $0^m,72$. L., $0^m,58$

WATTEAU (*D'après*)

163. — Comédiens dans un parc.

T. — H., 0^m,63. L., 0^m,59.

WATTEAU (*D'après*)

164. — Paysage avec figures.

B. — H., 0^m,23. L., 0^m,34.

165. — Sous ce numéro seront vendus les tableaux non catalogués.

MARBRES

ET

TERRES CUITES

MARBRE ET TERRES CUITES

166. — Mirabeau.

L'énergie. l'audace, le dédain de l'orateur sont rendus avec une puissance réelle dans cette œuvre hors ligne.

Buste marbre (de la collection de lady Emily Peel).

HOUDON

167. — Buste de Mirabeau.

Peu d'heures près la mort de Mirabeau, Houdon fit, comme on .it, le moulage de sa tête, à l'aide duquel il a ensuite exécuté ce buste. Il serait superflu d'en signaler la beauté ; quant à la ressemblance, il n'y eut qu'une voix parmi les contemporains pour la déclarer frappante. L'homme revit là plus peut-être que le tribun. A la simplicité pleine d'accent de l'œuvre, à son naturel, à sa familiarité même, tous les iconophiles reconnaîtront qu'ils sont en présence de la véritable effigie de Mirabeau.

Terre cuite. Provient de la vente Houdon.

HOUDON

168. — Marie-Joseph Chénier.

Ce buste égale au moins le précédent, s'il ne le surpasse par le style. Tout en gardant sa sobriété, son goût ennemi de l'emphase et de l'afféterie, Houdon a mis en relief avec une admirable précision le caractère de son modèle : l'inspiration brille sur le front et dans le regard du poète.

Œuvre de premier ordre.

Terre cuite. Provient de la vente Houdon.

DESSINS

A LA PIERRE NOIRE, A LA SANGUINE

LAVÉS AU BISTRE, A L'ENCRE DE CHINE, AQUARELLES

ET SÉPIAS

PAR

FRAGONARD

COMPOSITIONS, ESQUISSES ET DESSINS

169. — Je ne le ferai plus, maman !

Sépia.

H., 0^m,23. L., 0^m,20.

170. — La Lecture aux Enfants.

Sépia.

H., 0^m,23. L., 0^m,47.

171. — Dites donc, s'il vous plaît !

Sépia, signée en toutes lettres.

H., 0^m,15. L., 0^m,22.

172. — Pygmalion amoureux de la statue.

Dessin à la plume, lavé en couleur.

H., 0^m,33. L., 0^m,24.

173. — Pygmalion amoureux de la statue.

Même sujet, composition entièrement différente.
Dessin à la plume lavé en couleur.

H., 0^m,33. L., 0^m,24.

174. — Paysage avec petites figures. (Scène dans un parc.)

Dessin à la plume rehaussé d'aquarelle.

H., 0ᵐ,20. L., 0ᵐ,25.

175. — La Conversation.

Dessin au bistre.

H., 0ᵐ,27. L., 0ᵐ,35.

176. — Moine prêchant dans des ruines, à Rome.

Dessin à la sanguine.

H., 0ᵐ,27. L., 0ᵐ,36

177. — Moine prêchant dans des ruines, à Rome.

Composition entièrement différente.
Crayon et bistre.

H., 0ᵐ,27. L., 0ᵐ,20.

178. — Le Joueur de marionnettes.

Première pensée du tableau.
Bistre.

H., 0ᵐ,30. L., 0ᵐ,45.

179. — Deux Vues prises dans le parc de Saint-Cloud.

Réunies sur la même feuille.
Bistre et sanguine.

180. — Paysages. — Le Village. L'Abreuvoir.

> Deux dessins lavés au bistre sur la même feuille.
>
> H., 0ᵐ,12. L., 0ᵐ,20.

181. — La Mauvaise Nouvelle.

> Sépia, signée.
>
> H., 0ᵐ,12. L. 0ᵐ,35.

182. — La Liseuse.

> Bistre.
>
> H., 0ᵐ,40. L., 0ᵐ,33.

183. — La Jarretière.

> Première pensée de la composition connue par la gravure.
>
> Crayon et bistre.
>
> H., 0ᵐ,36. L., 0ᵐ,29.

184. — Jeune Paysan romain tenant une fiasque.

> Sépia.
>
> H., 0ᵐ,37. L., 0ᵐ,26.

185. — Le Vœu à l'Amour.

> Première pensée pour le n° 28 du catalogue.
> Sépia.
>
> H., 0ᵐ,35. L., 0ᵐ,46.

186. — La Croisée.

> Deux figures. Étude pour le tableau n° 1 du catalogue.
> Sépia.
>
> H., 0^m,22. L., 0^m,17.

187. — Le Portrait.

> Deux figures.
> Sépia.
>
> H., 0^m,22. L., 0^m,17.

188. — Les Environs de Tivoli.

> Paysage, architecture et figures: la Villa d'Este.
> Dessin à la sanguine.
>
> H., 0^m,34. L., 0^m,46.

189. — Le Sacrifice de la Rose.

> Dessin très terminé à la sépia et à l'aquarelle.
> Signé à gauche en toutes lettres.
> Même composition que le n° 58 du catalogue.
>
> H., 0^m,42. L., 0^m,33.

190. — Enlèvement de Proserpine.

> Première pensée de la composition. Gravée par Choffard en 1785.
> Sépia.
>
> H., 0^m,32. L., 0^m,39.

191. — Femmes à la fontaine.

Sépia. Daté de Rome, 1774.

H., 0ᵐ,37. L., 0ᵐ,29.

192. — La Lecture.

Sépia.

H., 0ᵐ,28. L., 0ᵐ,21.

193. — Cendrillon.

Dessin à la sanguine.

H., 0ᵐ,24. L., 0ᵐ,21.

194. — Le Vésuve.

Naples. Daté : 23 avril 1774.

H. 0ᵐ,28. L., 0ᵐ,37.

195. — Taureau romain.

Un taureau tourné à droite, dans un paysage.
Lavé au bistre sur le dessin au crayon.

H., 0ᵐ,37. L., 0ᵐ,50.

196. — L'Éducation de la Vierge.

Première pensée du tableau nᵒ 65 du catalogue.
Dessin lavé au bistre.

H., 0ᵐ,54. L., 0ᵐ,44.

197. — Le Chat emmailloté.

Sépia.

H., 0^m,45. L., 0^m,34

198. — La Jeune Fille à la colombe.

Sépia.

H., 0^m,45. L., 0^m,34.

199. — La Prière.

Sépia.

H., 0^m,35. L., 0^m,44.

200. — Visite à la nourrice.

Dessin au bistre rehaussé en couleur.

H., 0^m,30. L., 0^m,38.

201. — La Huche.

Cette magnifique sépia a été exposée sous le titre de la *Distribution des Pains,* n° 585, à l'École des Beaux-Arts en 1879, ainsi que plusieurs dessins de cette collection.

H., 0^m,42. L., 0^m,60.

202. — Le Songe.

Sépia.
Signé à gauche Frago.

H., 0^m,34. L., 0^m,50.

203. — Les Beignets.

Composition de douze figures.

Sépia.

H., 0m,27. L., 0m,36.

204. — La Danse de l'Ours.

Sépia.

H., 0m,28. L., 0m,39.

205. — Intérieur de la Grande Galerie du Louvre.

Sépia.

H., 0m,27. L., 0m,29.

206. — Avenue d'un parc orné de statues, avec promeneurs.

Signé.

Au pinceau lavé de bistre.

N° 581 de l'Exposition faite aux Beaux-Arts en 1879.

H., 0m,45. L., 0m,34.

207. — Un Satyre lutiné par les Amours.

Sépia.

H., 0m,46. L., 0m,35.

208. — Suzanne et les Deux Vieillards.

Sépia.

H., 0m,22. L., 0m,36.

209. — L'Attente.

Sépia et pierre noire.

H., 0^m,34. L., 0^m,25.

210. — Jeune Femme assise tenant une couronne.

Dessin rehaussé de blanc.

H., 0^m,37. L., 0^m,28.

211. — Danaé.

Composition de 7 figures.
Sépia.

H., 0^m,24. L., 0^m,37.

212. — Le Verrou.

Première pensée de la célèbre composition gravée.
Dessin à la sépia.
Signé à droite en toutes lettres.

H., 0^m,24. L., 0^m,36.

213. — Le Lever des Ouvrières en modes.

Première pensée, très supérieure à la composition
gravée.
Sépia.

H., 0^m,24. L., 0^m,37

214. — Scène d'amour. — Sous la feuillée.

Dessin à l'encre rehaussé de blanc.

H., 0^m,23. L., 0^m,27.

215. — Le Boudoir.

Dessin à la pierre d'Italie.

H., 0m,23. L., 0m,27

216. — L'Éducation fait tout.

Bistre.

H., 0m,34. L., 0m,27

217. — La Fuite par la croisée.

Dessin à la sépia.

H., 0m,22. L., 0m,17.

218. — La Chose impossible.

Dessin à l'encre et au bistre.

H., 0m,20. L., 0m,14.

219. — Adoration des Bergers.

Dessin à la sépia.

H., 0m,36. L., 0m,46.

220. — Le Temple de Vesta à Tivoli.

Dessin à la sanguine et lavé à la sépia.

H., 0m,34. L., 0m,46.

221. — Le Temple de Vesta à Tivoli.

Sanguine.

H., 0^m,34. L., 0^m,45

222. — Une Nouvelle arrivée au harem.

Sépia.

H., 0^m,21. L., 0^m,30.

223. — La Première Leçon d'équitation.

Sépia.

H., 0^m,21. L., 0^m,30.

224. — La Première Leçon d'équitation.

Sépia.

H., 0^m,34. L., 0^m,45.

225. — La Charrette embourbée pendant l'orage.

Étude pour le tableau de la collection Lacaze.
Dessin à la sanguine.

H., 0^m,33. L.. 0^m,47.

226. — Samson et Dalila (d'après Rubens).

Sépia.

H., 0^m,34. L., 0^m,46.

227. — Sous ce numéro, 48 Compositions différentes.

Dessins originaux pour les Contes de La Fontaine,
dont quarante-deux dessinés à la pierre noire et
six dessinés à l'encre et lavés à la sépia.
Encadrés par séries de quatre.

H., 0^m,20. L., 0^m,13.

Le Bât.
La Jument du compère Pierre.
Le Tableau.
L'Anneau d'Hans Carvel.

L'Oraison de saint Julien.
La Servante justifiée.
L'Ermite.
L'Ermite.

Les Troqueurs.
La Chose impossible.
Le Quiproquo.
Les Lunettes.

Le Diable de Papefiguière.
Le Villageois qui cherche son veau.
La Mandragore.
Les Cordeliers de Catalogne.

Le Cuvier.
Le Remède.
Le Cas de conscience.
Les Aveux indiscrets.

La Confidence sans le savoir.
Les Aveux indiscrets.
Richard Minutolo.
Le Diable en enfer.

La Gageure des trois commères.
La Gageure des trois commères.
Le Berceau.
Alix malade.

Le Cocu battu et content.
Le Pâté d'anguilles.
Le Calendrier des vieillards.
Belphégor.

Le Paysan qui a offensé son seigneur.
A Femme avare. Galant escroc.
Le Mari confesseur.
Le Psautier.

La Clochette.
On ne s'avise jamais de tout.
Le Savetier.
Joconde.

Le Muletier.
Le Purgatoire.
Les Troqueurs.
Les Lunettes.

Ces deux derniers à la sépia.

A la suite, Dessins à la sépia :

Le Petit Chien qui secoue de l'argent et des pier-
reries.
Le Quiproquo.
Le Muletier.
Le Cocu battu et content.

228. — Sous ce numéro. — 436 Compositions.

Magnifique série de dessins originaux à la pierre
noire et lavés au bistre pour l'illustration de *Roland
Furieux*.

H., 0^m,39. L., 0^m,25.

229. — Sept Dessins.

Composition pour *Don Quichotte*.
Pierre noire.

230. — Saint-Cloud. — Cascade dans le parc, avec
figures.

Sépia.
Cabinet de M. Fontaine.

H., 0^m,23. L., 0^m,37.

231. — Un Pêcheur.

Étude à la sanguine.

H., 0^m,50. L., 0^m,38.

232. — Un Pêcheur.

Sanguine,

H., 0m,49. L., 0m,37.

233. — Temps orageux.

Première pensée.
Aquarelle.

H., 0m,25. L., 0m,38.

234. — Le Prisonnier.

Esquisse à l'encre de Chine.

H., 0m,23. L., 0m,47.

235. — Paysage avec figures.

Vue prise dans un parc.
Aquarelle et gouache.

H., 0m,27. L., 0m,34.

236. — La Coquette.

Étude pour le tableau.
Dessin aux trois crayons de couleur.

H., 0m,30. L., 0m,21.

**237. — Paysage. — Vue prise dans un parc, nombreuses
figures.**

Sépia.
Signé à gauche.

H., 0m,35. L., 0m,46.

238. — Le Bonheur du premier baiser. (Conforme au
tableau n° 15 du catalogue.)
> Lavé en couleur.

H., 0^m,30. L., 0^m,22.

239. — Jupiter.
> Bistre.

240. — Les Funérailles.
> Scène historique.

H., 0^m,24. L., 0^m,36.

241. — La Mort de Sénèque.
> Dessin à la sépia, d'après Luca Giordano ; au Palais
> Durazzo, à Gênes.

H., 0^m,20. L., 0^m,25.

242. — Têtes de Vieillards.
> Étude.
> Sépia.

H., 0^m,27. L., 0^m,23.

243. — Le Départ.
> Sépia.

H., 0^m,23. L., 0^m,17.

244. — La Jalousie.
> Sépia.

H., 0^m,23. L., 0^m,17.

245. — Têtes diverses réunies, études.
> Sépia.

H., 0^m,20. L., 0^m,28.

246. — La Villa Médicis à Rome.

Sanguine.

H., 0ᵐ,32. L., 0ᵐ,45.

247. — Vue prise dans les jardins du prince Mattei.

Sanguine.

H., 0ᵐ,31. L., 0ᵐ,52.

248. — Un Pèlerin.

Étude au bistre.

H., 0ᵐ,30. L., 0ᵐ,36.

249. — L'Enfant sur un âne.

Esquisse.
Sépia et bistre.

H., 0ᵐ,23. L., 0ᵐ,16.

250. — La Grande Dame à cheval.

Dessin en couleur.
Esquisse ; première pensée.

251. — Jeune Femme à cheval.

Esquisse.
Sépia.

H., 0ᵐ,23. L., 0ᵐ,47.

252. — Têtes de Chimères.

Etude à la sanguine.

H., 0^m,22. L., 0^m,35.

253. — Paysage.

Fontaine prise dans la villa d'Este.
Sanguine.

H., 0^m,25. L., 0^m,31.

254. — Vieillard philosophant sur un crâne.

Au bas cette inscription : « Il a été ce que je suis ;
ce qu'il est, je le serai bientôt. »
Sanguine.

H., 0^m,39. L., 0^m,28.

255. — Ferme dans les environs de Rome.

Sépia.

H., 0^m,28. L., 0^m,36.

256. — Mlle Olivier dans le rôle de Chérubin.

Dessin à la sanguine.

H., 0^m,24. L., ,46.

257. — Paysage avec figures.

Sanguine.

H., 0^m,24. L., 0^m,36.

258. — Berger, Dessin à la plume. — Chiens savants,
Dessin au crayon.

Même feuille.

259. — Un Sacrifice à Bacchus.

Bistre.

H., 0^m,40. L., 0^m.12

260. — Saint Jérôme dans le désert.

Bistre.

H., 0^m,26. L., 0^m,40.

261. — Il a gagné le prix.

Crayon et aquarelle.

H., 0^m,43. L., 0^m.35.

262. — Le Saint-Père sommeillant.

Dessin à la sanguine.

A été gravé par Saint-Non.

263. — La Consultation.

Sépia.

H., 0^m,23. L., 0^m,17.

264. — Vue du Pausilippe, près de Naples (daté 1774).

265. — Vue du Colisée, avec figures.

> Le retour des artistes. Dessin à la pierre noire.
>
> H., 0^m,15. L., 0^m,22.

266. — Étude de Chérubins.

> Lavé au bistre.
> Dessin à l'encre.
>
> H., 0^m,24. L., 0^m,36.

267. — Les Femmes et le Secret.

> Sépia.
>
> H., 0^m,22. L., 0^m,16.

268. — Vue prise dans le parc de Saint-Cloud.

> Bistre.
>
> H., 0^m,23. L., 0^m,17.

269. — Neuf Dessins au crayon noir dans le même cadre.

> Représentant :
>
> 1° Un croquis de Fragonard et de Mlle Gérard.
> 2° Fragonard dans la famille Bergeret.
> 3° Étude de Lion; croquis.
> 4° Intérieur d'Église.
> 5° Folie Beaujon.
> 6° Caricatures.
> 7°   id.
> 8°   id.
> 9°

270. — Un Cadre contenant :

Neuf Dessins divers, — Épisode de la vie de Fragonard.

271. — Neuf Dessins.

Esquisses à la pierre noire.

272. — 53 Dessins.

Esquisses aux crayons noir et rouge.

« M. Bergeret, fermier général, ami de Fragonard et propriétaire de la Folie Beaujon, était aïeul de la Girennerie, qui m'a cédé ces dessins.

(Note de M. Walferden).

273. — 11 Dessins aux crayons noir et rouge pour la Folie Beaujon et la famille Bergeret.

274. — Portrait de Fragonard assis.

Dessin à la mine de plomb.
Au bas, l'inscription suivante :

Se ipsum delineabat Frago
apud de Bergeret
anno 1789.

Croquis forme ronde, $0^{m},17$.

275. — Sous ce numéro, les dessins non catalogués.

[illegible] : 1° [illegible] [illegible]
2° [illegible] [illegible]
3° 40. Meyer
4° 20 [illegible]
5° [illegible] [illegible]

COMPOSITIONS

ESQUISSES ET DESSINS

PAR DIFFÉRENTS PEINTRES

COMPOSITIONS
ESQUISSES ET DESSINS

BEAUVARLET

276. —

Dessin à la sanguine pour une estampe, d'après Fragonard.

H., 0m,39. L., 0m,27.

BOUCHER

277. — Molière dans le rôle de M. de Pourceaugnac.
Sanguine.

H., 0m,39. L., 0m,20.

BOUCHER

278. — La Brouette renversée.

Dessin à la pierre noire.

H., 0m,16. L., 0m,19.

BOUCHER

?

279. — Paysage.

Dessin à la pierre noire.

CALLOT

?

280. — Le Passage de la mer Rouge.

Dessin à la plume.
Marqué du cachet J. D.

H., 0^m,18. L., 0^m,30.

CANOVA

281. — Deucalion et Pyrrha.

Dessin à la mine d'argent.

H., 0^m,24. L., 0^m,13

CHARDIN

282. — Portrait d'Enfant.

Dessin aux trois crayons.

H., 0^m,17. L., 0^m,15.

CHENAVARD

283. — Sous ce numéro Portraits de Danton, Condorcet,
Santerre, Sieyès, Dupuis, Lameth, Mercier,
Chenier et Fabre d'Eglantine.

Deux dessins à la mine de plomb.

H., 0^m,25. L., 0^m,22.

DAVID

284. — Étude d'Enfant, pour son tableau des Sabines.

Dessin à la plume.

H., 0m,20. L., 0m,16.

EISEN

285. — Dessins divers à la mine de plomb.

GÉRARD (LE BARON)

286. — Étude pour une figure de la Liberté.

GÉRICAULT

287. — Pâris et Hélène.

Dans le bas, sur la même feuille : Une Bacchanale, esquisse. Signé Géricault.

Dessin à l'encre.

H., 0m,20. L., 0m,19.

GÉRICAULT

288. — Étude pour la Méduse.

Étude de Femme.

Portrait de Géricault malade.

Dessins réunis dans le même cadre.

GÉRICAULT

289. — Étude d'Homme pour la Méduse.

Avec étude de Cheval au verso.
Dessin à la plume et au crayon mine de plomb.

H., 0^m,22. L., 0^m,29.

GÉRICAULT

290. — Étude pour la Méduse.

Esquisse de l'un des groupes avec profil de Cheval au verso.
Dessin à l'encre pour l'étude de la Méduse.
Le Cheval à la mine de plomb.

H., 0^m,21. L., 0^m,23.

GÉRICAULT

291. — Arabe à cheval.

Dessin sur papier calque.

H., 0^m,29. L., 0^m,31

GÉRICAULT

292. — Étude pour la Méduse.

Dessin à l'encre rehaussé de blanc.
Au dos : Étude également pour la composition de la Méduse.

H., 0^m,19. L., 0^m,27.

GÉRICAULT

293. — Étude pour le tableau de la Méduse.

Dessin à l'encre.
Au dos : Étude d'homme pour le même tableau.

H., 0^m,20. L., 0^m,27.

GÉRICAULT

294. — Le Hussard.

Calque à la plume.

H., 0^m,45. L., 0^m,34.

GÉRICAULT (*Attribué à*)

295. — Un Hussard.

Crayon noir rehaussé de blanc.

H., 0^m,22. L., 0^m,17.

GÉRICAULT (*Attribué à*

296. — Hussard à cheval.

Crayon noir rehaussé de blanc.

H., 0^m,16. L., 0^m,12.

GILLOT

297. — Les Grillons. — L'Enfant et les Noisettes.

Fables de Lamotte.
Deux jolis dessins à la sanguine sur la même feuille,
marqués du cachet de l'amateur.

(Collection Lempereur.)

GILLOT

298. — La Suite d'un duel.

Dessin à la sanguine.

GILLOT

299. — Bacchanale.

300. — Fête de Diane.

301. — Fête de Pan.

302. — Fête de Bacchus.

Quatre compositions importantes.
Dessins à la sanguine.

GILLOT

303. — Costumes de théâtre.

Dessins à la sanguine et pierre d'Italie.
Collection de cinquante-six croquis.

GILLOT

304. — Les Malices des médecins.

Cinq vignettes sur la même feuille.
Pierre noire.

GIRODET

305. — Portrait de David.

Très beau dessin à la pierre d'Italie.
Provient de la vente de Denon, où Saint l'avait
acheté 159 fr. 95 c.   (Note de M. Walferdin.)

Forme ronde, 0ᵐ,13.

GREUZE

306. — Le Paralytique.

Magnifique dessin lavé à l'encre de Chine et rehaussé en couleur.

H., 0ᵐ,35. L., 0ᵐ,46.

GREUZE

307. — **La Mère dans le tableau de** *la Malédiction pater-*
nelle.

Dessin aux trois crayons, rehaussé d'aquarelle.

H., 0m,44. L., 0m,33.

GREUZE

308. — Jeune Garçon et son Chien.

Dessin à l'encre de Chine.

Ovale. — H., 0m,12. L., 0m,10.

GREUZE

309. — Jeune Fille.

Tête d'étude.
Sanguine.

H., 0m,45. L., 0m,33.

GREUZE

310. — Tête d'enfant.

Dessin à la sanguine.

H., 0m,32. L., 0m,27.

GREUZE

311. — La Madeleine dans le désert.

Composition à l'encre de Chine.

H., 0^m,46. L., 0^m,35.

GREUZE

312. — Étude de femme nue.
Dessin à la sanguine.

GREUZE

313. — La Jeune Fille qui ne veut pas écouter l'amour.

Dessin à la plume et à l'encre de Chine.
Esquisse.

H., 0^m,29. L., 0^m,32.

GREUZE.

314. — La Suite d'une faute.

Composition; dessin à l'encre.

H., 0^m,25. L., 0^m,36.

GREUZE

315. — La Chambre d'un malade.

GREUZE

346. — Étude pour la Cruche cassée.

Dessin à l'encre de Chine.

GREUZE

347. — Première Pensée du Fils ingrat.

Dessin à l'encre de Chine.

GREUZE

318. — La Sibylle.

Dessin à l'encre.

GREUZE

319. — Les Trois Grâces avec les Amours.

Dessin à l'encre de Chine.

GREUZE

320. — Eponine et Sabinus.

Dessin à l'encre de Chine.

GREUZE

324. — Une Chambre mortuaire.

Composition à l'encre.

GREUZE

322. — Offrande à l'Amour.

Au verso une autre composition : Le Mourant.

Encre de Chine.

GRANVILLE

323. — Le Fils du Pape.

Dessin à la plume.

H., 0m,10. L., 0m,05.

LANTARA

324. — Paysage.

Crayon noir rehaussé de blanc.

Signé à gauche.

H., 0m,17. L , 0m,26.

LEMOINE

325. — Portrait de Fragonard.

(Au bas cette inscription : Dessiné en juillet 1797).

Dessin au crayon noir et à l'estompe, rehaussé de blanc.

H., 0^m,32. L., 0^m,22.

LEPRINCE (J.-B.)

326. — Fontenelle.

Beau dessin à la sanguine.

LETHIÈRE

327. — L'Exécution des fils de Brutus.

Dessin à l'encre.

H., 0^m,35. L., 0^m,62.

PAGNEST

328. — Trois Études diverses pour le portrait de M. de Sommariva.

PRUDHON

329. — **Précieux Dessin pour la vignette de la Seine-Inférieure.**

Dessin à la pierre d'Italie rehaussé de blanc.

H., 0m,08. L., 0m,11.

PRUDHON

330. — **Le Baiser de Saint-Preux et de Julie.**

Scène de la Nouvelle Héloïse.

Dessin à l'encre rehaussé de blanc.

H., 0m,11. L., 0m,08.

PRUDHON

331. — **La Jeune Mère.**

Dessin à la pierre d'Italie rehaussé de blanc.

H., 0m,34. L., 0m,26.

PRUDHON

332. — **L'Étude.**

Dessin aux deux crayons sur papier bleu.

H., 0m,40. L., 0m,22.

PRUDHON

333. — Deux petits Croquis sur papier bleu.

PRUDHON

334. — Portrait de Molière (buste).

Dessin à l'encre de Chine.

H., 0^m,11. L., 0^m,09.

ROBERT-HUBERT

335. — Ruines du temple de Sérapis à Pouzzoles.

Sanguine. Signé en bas.

H., 0,34 L., 0^m,45.

ROBERT-HUBERT

336. — L'Arc de Drusus.

Dessin à la sanguine.

H., 0^m,46. L., 0^m,37

SAINT-AUBIN

337.   Portrait de Lekain.

Dessin mine de plomb.
Ovale.

H., 0ᵐ,22. L., 0ᵐ,18.

WATTEAU

338.   Deux Études. Femmes.

Pierre noire et sanguine.

H., 0ᵐ,20. L., 0ᵐ,24.

WATTEAU

339. — Tête de Femme.

Dessin aux crayons.

H., 0ᵐ,14. L., 0ᵐ,10.

WATTEAU

340. — Tête de Femme.

Étude.
Aux trois crayons.

H., 0ᵐ,14. L., 0ᵐ,10.

WATTEAU

341. — Étude de berger.

Pierre d'Italie et sanguine.

H., 0^m,22. L., 0 ,45.

WATTEAU

342. — Sur la même feuille.

Cinq Têtes de femmes et de deux Jeunes Garçons.

Dessins rehaussés à la sanguine et à la pierre noire.

H., 0^m,22. L., 0^m,35.

WATTEAU

343. — Tête de Femme.

Sanguine et pierre d'Italie.

H., 0^m,42. L., 0^m,69.

344. — Caricature de la mort d'Atala, de Girodet.

Dessin.

H., 0ᵐ,09. L., 0ᵐ,08.

345. — Sous ce numéro seront vendus des Dessins et Esquisses non catalogués.

PASTELS

PASTELS

FRAGONARD

346. — Le Portrait de Sophie.

La Bonne de Fragonard.

H., 0^m,59. L., 0^m,50.

FRAGONARD

347. — Le Baiser.

Ovale. H., 0^m,25. L., 0^m,21.

FRAGONARD
?

348. — Jeune Paysanne.

H., 0^m,44. L., 0^m,35.

FRAGONARD (*D'après*)

349. — La Mère et son Enfant.

Ovale. — H., 0^m,47. L., 0^m,32.

FRAGONARD (*D'après*)

350. — La Mère et ses trois Enfants.

Ovale. — H., 0^m,44. L., 0^m,35.

FRAGONARD

351. — Portrait de Mlle Olivier, de la Comédie-Française.

H., 0^m,50. L., 0^m,39.

GREUZE

352. — Son Portrait par lui-même.

H., 0^m,37. L., 0^m,22.

LATOUR

353. — Son Portrait par lui-même.

Ovale. — H., 0^m,45. L., 0^m,33.

LATOUR

354. — Jean-Jacques Rousseau:

Étude en préparation.

H., 0^m,24. L., 0^m,19.

LIOTARD

355. — Portrait de Favart.

H., 0^m,58. L., 0^m,48.

LEFEBVRE (CLAUDE)

356. — Molière.

Ovale. — H., 0^m,36. L., 0^m,28.

ROSALBA

357. — Portrait de M. Oppenor.

Au dos l'inscription suivante : Mlle de Rosalba à M. de Hautoire.

B. — H., 0^m,47. L., 0^m,34.

.?

358. — Portrait de Pierre, premier peintre du Roi.

Ovale.—H., 0^m,32. L., 0^m,26.

GRAVURES

ESTAMPES, EAUX-FORTES

GRAVURES, ESTAMPES, EAUX-FORTES

359. — Estampe anonyme de l'École allemande.

360. — Le Portrait de Fragonard d'après Mme Gérard.

Eau-forte par Charpentier.

361. — Monsieur Fanfan jouant avec M. Polichinelle et Cie.

Signé et daté 1808.

362. — La Première Leçon d'équitation.

363. — La Première Leçon d'équitation.

Épreuve avant la lettre.

364. — Pièces diverses.

365. — Faunes et Femmes d'après l'antique.

Jeune Femme et Satyres en bas-relief.

Faunes qui emportent une Femme.

Trois Eaux-fortes de Fragonard, même suite.

366. — L'Abreuvoir.

Paysage, figures et animaux.

367. — Saint Marc, d'après Lanfranc.

Eau-forte par Fragonard.

368. — Le Cultivateur, Ane et Animaux.

369. — La Conception de la Vierge.

370. — Les Disciples au tombeau, d'après le Tintoret.

Signé Fragonard, 1764.

371. — Saint Marc avec un Ange dictant les Évangiles.

Eau-forte par Fragonard.

372. — Deux Femmes sur les nues.

Palais Resonnico, à **Venise.**

373. — Guerrier devant un tribunal.

D'après **Tiepolo.** Palais **Delphino,** à Venise.

374. — La Culbute.

Gravure au lavis, d'après Fragonard, par Charpentier.

375. — La Cachette découverte.

376. — La Famille du fermier

Par Beauvarlet.

377. — Intérieur de parc.

Eaux-fortes.

378. — Institution de l'Eucharistie.

379. — Deux Femmes à cheval.

380. — Deux Prophètes, d'après Carrache.

381. — Ange et Prisonnier, d'après Carrache.

382. — Les Disciples d'Emmaüs

383. — La Circoncision.

384. — L'Enlèvement de Proserpine.
D'après Fragonard, par Choffard.

385. — Le Vésuve. la Foudre et les Syrènes.
Allégorie.

386. — La Nature.
Gravé d'après Fragonard.

387. — La Chemise enlevée.
Par Guersant.

388. — La Coquette fixée.

    Par Couché.

389. — La Bascule.

    Par Beauvarlet.

390. — Le Temps orageux.

    D'après Fragonard, par Mathieu.

391. — Vue d'un Caveau découvert à Pompéi.

    Dessiné par Fragonard et gravé par Fessard.

392. — Les Hasards heureux de l'escarpolette.

    Gravé par Delaunay.

393. — Deux Épreuves de La Bonne-Mère.

    D'après Fragonard, gravées par Delaunay.

394. — Le Verrou.

    D'après Fragonard, par M. Blot.

395. — Coresus.

> D'après **Fragonard**, par Danzel.

396. — La Basse-Cour.

> D'après **Fragonard**, par Saint-Non. Épreuves avant
> la lettre, et autres.

397. — La Sortie de l'étable.

> Eau-forte et aqua-tinte, par Saint-Non.

398. — La Gimblette.

> Deux gravures, d'après **Fragonard**.

399. — L'Heureuse Fécondité.

> Gravures à l'eau-forte (avant la lettre), par Mariller
> et Romanet.

400. — La Folie.

> L'Amour.

> Gravures en couleur, d'après **Fragonard**, par Janinet.

401. — Charles de Bourbon.

François de Bourbon.

Le Connétable de Bourbon.

> Gravures, d'après Fragonard, par Miger et Ch. Gaucher.

402. — Le Contrat.

> Gravé par Blot.

403. — Deux Gravures.

> Par Bracquemond dont une épreuve d'artiste, d'après Fragonard.

404. — La Fuite à dessein.

> D'après Fragonard, par C. Macret et Couché.

405. — Le Chiffre d'amour.

> Gravé par Delaunay.

406. — L'Heureuse Fécondité.

D'après Fragonard.
Épreuve avant la lettre et autres.

407. — Dites donc : S'il vous plaît.

408. — L'Éducation fait tout.

Par Delaunay.

409. — Les Beignets.

Épreuve avec l'a, par Delaunay
Le Pot au lait.
Le Petit Prédicateur.

410. — Bestiaux à la fontaine.

D'après Fragonard. Eau-forte.
Épreuve avant la lettre, par Wleitz.

411. — Le Baiser dangereux.

Gravure, d'après Fragonard, par Flipart.

412. — Le Baiser amoureux.

> Deux épreuves par Marchand.

L'Instant désiré.

> Gravure.
> Deux épreuves d'après Marchand.

413. — Sujets divers d'après les maîtres italiens.

> Dessinés par Fragonard.

414. — Quarante Pièces.

> Gravées par Saint-Non.

415. — Pièces diverses.

> D'après Fragonard et Robert.
> Gravées par Saint-Non.

416. — 9 Vues diverses.

> D'après Fragonard et Robert.

417. — Portrait de M. Bergeret.

> Par Fragonard, gravé par Demarteau.

418. — La Fontaine d'amour.

> D'après Fragonard. Épreuve avec lettres ouvertes,
par Regnault.

419. — Le Serment d'amour.

> Gravé par J. Mathieu, d'après Fragonard.

420. — Sacrifice de la Rose.

> Gravure.
> D'après Fragonard, gravée par H. Gérard.

421. — Seront vendues, séparément avec droit de réunion, sous le numéro 421, 23 Pièces à l'état d'eaux-fortes pures, pour les Contes de La Fontaine, d'après H. Fragonard.

> On ne s'avise jamais de tout.
> Le Juge de Mesle ; très rare.
> Sœur Jeanne ; très rare.
> Le Baiser rendu ; très rare.
> L'Ermite ; très rare.
> Imitation d'Anacréon ; très rare.
> Alix malade,   id.
> Le Pâté d'anguilles.   id.
> Belphégor.   id.
> Les Deux Amis.   id.
> La Gageure des trois commères (le Fil) ; très rare.
> La Fiancée du roi de Garbe ; très rare.
> La Gageure des trois commères (le Poirier).
> Joconde. L'Anneau.
> Le Paysan qui a offensé son seigneur.
> Le Gascon puni.

La Gageure des trois commères (le Lit).
Le Faucon.
Le Glouton.
Le Baiser rendu.
La Fiancée du roi de Garbe, le Coffret.
Le Cocu battu et **content**.
Le Muletier.

422. — Le Muletier.

Eau-forte, par Fragonard ; très rare.

423. — Contes de La Fontaine.

Vingt-deux pièces avant la lettre.
D'après Fragonard.

424. — Contes de La Fontaine.

Vingt et une pièces avec la lettre et les noms des artistes.
D'après Fragonard.

425. — Gravures.

D'après Gillot.
A vendre en lot.

426. — Le Pêcheur noyé.

D'après Westal.
Exemplaire avant toutes lettres, sur papier de Chine.
Signé au crayon par Heath.

427. — Pensée d'Amour.

> D'après Greuze.

428. — Hugolin.

> D'après Reynolds.
> Gravure anglaise de Boydell.
> Avant la lettre.

429. — Sujets divers.

430. — Quatre Gravures.

> D'après Prudhon.
> Belles épreuves avant la lettre de Beisson Étienne.
> de Copia et de Prudhon.

431. — Le Fils puni.

> D'après Greuze.

432. — Sous ce numéro seront vendues les gravures, estampes, eaux-fortes, et autres épreuves non cataloguées.

PARIS. — Impr. J. CLAYE. — A. QUANTIN et Cⁱᵉ, rue Saint-Benoît. — [580]

...us. Jambière et Chapeau. **Pardessus** en *Caoutchoucs* l'apparence du drap.

...ression, guéris par les ...r. Monnaie, 23, Paris. » ...ales et hypogastriques. ...AT ✱168, r. St-Martin. «

D' D. CLARENS Guérison des Mal. *secrètes* **RODIER, 9**

PLUS DE TÊTES CHAUVES !

HAUTES RÉCOMPENSES AUX EXPOSITIONS. — Guérison des maladies du cuir chevelu. — Arrêt *immédiat* de la chute des cheveux et Repousse certaine à tout âge (*à forfait*). — AVIS AUX DAMES : Traitement spécial pour la croissance et la conservation de leur chevelure, même à la suite de couches. — On envoie *gratis* renseig^ts et preuves. On jugera. — MALLERON, Chimiste, 85, rue de Rivoli (près le Louvre) PARIS.

QUE du D' DÉCLAT ...ies de Peau. — Pituite. ...ue Victoria, 6. — 3 fr.

IS GOUTTES CONCENTRÉES DE FER BRAVAIS ... Le reconstituant par ...a Chlorose, Débilité, ...auvreté du sang, etc. ...et dans toutes les Pharmacies

...e PHTHISIE à tous les degrés. ...tées dans les Hôpitaux. ...re : TOUX, ASTHMES ...ONCHITES CHRONIQUES ...nnes, Paris, et Pharmacies.

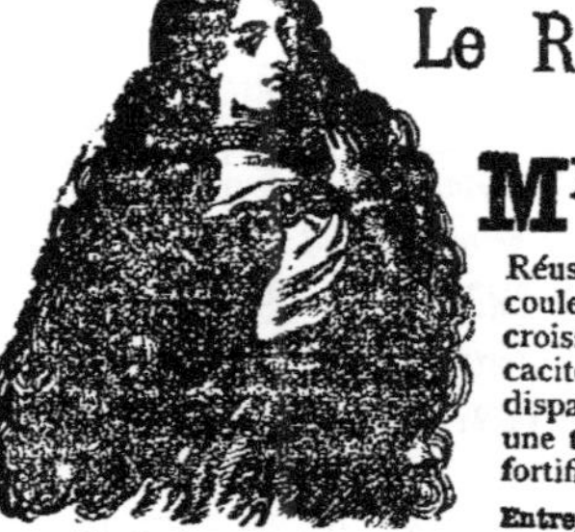

Imprimerie Charles Schiller, breveté, 10, rue du Faubourg-Montmartre.

Paiement d'Intérêts. — Recapitalisation des Fonds engagés. — **PARIS, 16, Avenue de l'Opéra, PARIS** Les Porteurs d'EMPRUNT TURC 5 0/0 et d'OBLIGATIONS OTTOMANES doivent s'adresser ou écrire au Directeur en mentionnant leurs noms, adresses et la quantité de rentes ou d'obligations dont ils sont possesseurs. **PAIEMENT TRIMESTRIEL DE L'INTÉRÊT** — Réponse explicative est envoyée immédiatement sur demande.

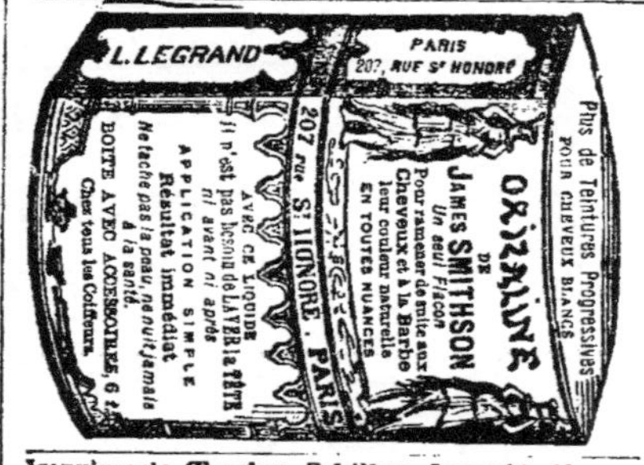

"Perfection." Le Régénérateur Universel des Cheveux DE

Mme S. A. ALLEN,

Réussit invariablement à rendre aux cheveux gris leur couleur de jeunesse ; il leur communique une vie, une croissance nouvelle et une éclatante beauté. Son efficacité est certaine et parfaite, et il fait promptement disparaître la couleur grise des cheveux. Ce n'est pas une teinture ; sa propriété naturelle et infaillible est de fortifier la chevelure.

Entrepôt : 37, Bd. Haussmann, Paris. — Fabrique, Londres. Se trouve chez les Coiffeurs, les Parfumeurs, et les Pharmaciens Anglais.

SURDITE et **BRUITS** : Traitem^t spécial, **sans opération,** du Doct^r GUÉRIN, R. Valois, 17, à Paris, 1^h à 2^h. Traitement facile par corresp^ce. *Guide explicatif*, 2 fr.

VOIES URINAIRES Traité du D' GŒURY-DUVIVIER ✝, Rétrécissement, impuissance, onanisme et ses suites, affect. secrètes, etc. Guérison et préservation. 500 pag. 200 fig. 3 fr. — 7, boul. Sébastopol, 2 à 4 h. et par correspondance.

Financier

Propriété de la **SOCIÉTÉ NOUVELLE**, Capital 20 Millions

Tous les Samedis **SEIZE GRANDES PAGES** et tous les **tirages**

52, RUE DE CHATEAUDUN, PARIS

On s'abonne sans frais dans tous les bureaux de poste.

1 FR. PAR AN

...er la **CLEF** de l'**Union Financière** du **JOURNAL DE LA BOURSE**

RUE DE RICHELIEU. PARIS. — Envoi franco de la Brochure explicative.

Revenu des 3 derniers Trimestres : **23^f 50 %**

...RIFICATION par l'or ADHESIF, nouveau procédé s'appliquant aux dents les plus MALADES et les plus CARIÉES. Succès consacré par le corps médical. Raffermissement des dents ébranlées en une séance. Obturation après UN SEUL pansement. — 4, rue MEYERBEER.

M. & H. ADLER

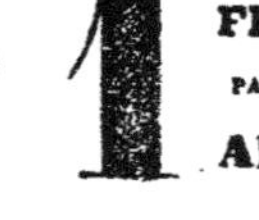

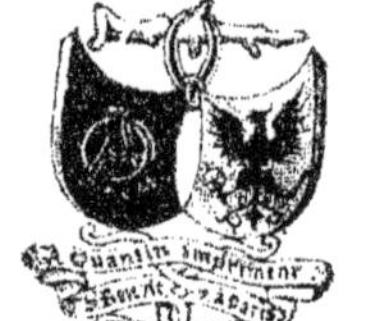